Vente du 15 au 17 Mai 1905

(HOTEL DROUOT)

Collection de C. DE B.

ESTAMPES

DU XVIII SIÈCLE

COSTUMES, PORTRAITS

COMMISSAIRE-PRISEUR :

M Maurice DELESTRE

EXPERT :

M. Georges RAPILLY

Imp. Frazier-Soye
═ 153 - 157 ═
rue Montmartre

ESTAMPES

DU XVIIIE SIÈCLE

composant

la Collection de C. de B.

CONDITIONS DE LA VENTE

Elle sera faite au comptant.

Les acquéreurs paieront *dix pour cent* en sus du prix d'adjudication.

L'expert remplira les commissions que voudront bien lui confier les amateurs ne pouvant y assister ; il se réserve en outre la faculté de diviser ou de rassembler les lots.

La collection sera visible chez l'Expert, quai Malaquais, 9, du Lundi 8 Mai au Vendredi 12 Mai, de 2 à 6 heures.

ORDRE DES VACATIONS

1ʳᵉ Vacation.	Lundi	15 Mai 1905.	Nᵒˢ	1 à 127
2ᵐᵉ	—	Mardi	16 Mai 1905.	— 128 à 255
3ᵐᵉ	—	Mercredi 17 Mai 1905.	— 256 à 379

CATALOGUE

D'ESTAMPES

DU XVIIIᵉ SIÈCLE

Ecoles Française et Anglaise

Pièces imprimées en couleurs et en noir

PORTRAITS DU XVIIᵉ SIÈCLE

IMPORTANTE COLLECTION
DE COSTUMES DE L'ÉPOQUE LOUIS XIV

par Bonnart, Trouvain, de Saint-Jean

Pièces relatives à l'Histoire de l'Amérique

composant la Collection

de Madame la Baronne de C. de B.

dont la vente aura lieu

à Paris, HOTEL DROUOT, Salle Nº 7

les Lundi 15, Mardi 16 et Mercredi 17 Mai 1905

à 2 heures

Par le Ministère de Mᵉ MAURICE DELESTRE

COMMISSAIRE-PRISEUR

5, rue Saint-Georges

Assisté de M. GEORGES RAPILLY

Marchand d'Estampes de la Bibliothèque Nationale

9, QUAI MALAQUAIS, 9

Exposition Publique à l'HOTEL DROUOT

le Dimanche 14 Mai 1905

de 2 heures à 5 heures 1,2

DÉSIGNATION

ALIX (P.-M.)

1. Marie-Anne-Charlotte Corday. Portrait en buste, dans un médaillon de forme ovale. in-4.

    Belle épreuve imprimée en couleurs, avec marges.

2. Molière. Portrait en buste d'après Mignard. Médaillon de forme ovale. in-4.

    Belle épreuve imprimée en couleurs, marges.

ALMANACH

3. Les ordres du roy exécutés par sa Chambre de justice, pour punir le vice, abolir l'usure et faire régner l'abondance et la paix dans ses Etats. Almanach pour l'année 1717. *A Paris*, chez Jollain. grand in-folio.

    Belle épreuve avec marges.

AMÉRIQUE

4. Collection de dessins relatifs à la guerre de l'Indépendance des Etats-Unis et à l'envoi par la France d'une escadre commandée par le comte d'Estaing (mai 1778.-octobre 1779). Ces dessins représentent l'escadre sortant de la Méditerranée, son arrivée devant New-York, son entrée dans Newport, la tempête du 11 août 1778, l'attaque du *Languedoc* démâté par la tempête, le *Languedoc* rejoint par l'escadre, l'attaque de l'île Ste Lucie, le combat auprès de l'île de la Grenade, le débarquement des troupes dans l'île de la Grenade, l'assaut du fort et de la ville de Saint-Georges, l'attaque de la ville de Savannah, — et les plans de la baie de Kingstown, de l'île de Saint-Vincent, de l'attaque et la prise de l'île de la Grenade, du siège de Savannah, de l'attaque de l'île Ste Lucie. Vingt-trois pièces petit in-folio, montées sur cartons.

    Très précieuse série de dessins originaux à la sépia avec de curieuses légendes manuscrites; elle est des plus intéressante pour l'histoire des Etats-Unis.

AMÉRIQUE

5. Convention entre la République française et les Etats-Unis d'A-
   mérique, signée à Mortefontaine le 11 vendémiaire an IX
   (3 octobre 1800) et vue des jardins dans lesquels a été célébrée
   la fête donnée à cette occasion, par Piranesi. Grand in-folio.

   Belle épreuve coloriée d'une pièce rare et recherchée.

6. The Tea Tax Tempest, or the Anglo-American Révolution.
   In-folio.

   Superbe épreuve avec la lettre tracée à la pointe ; grandes marges.

7. Recueil d'estampes représentant les différents événements de la
   guerre qui a procuré l'indépendance aux Etats-Unis. Nᵒˢ 2 à
   13. Douze pièces in-4 gravées par F. Godefroy, N. Ponce,
   d'après Le Paon, Marillier, etc.

8. Guillaume Penn traite avec les Indiens 1681. — Der Général
   Wolf. Deux pièces in-folio d'après Benj. West.

9. Pièces historiques ou allégoriques, caricatures sur l'Amérique,
   quatre pièces par Godefroy, Sadeler, etc.

10. Général Washington. Portrait en pied, gravé par James Heath,
    d'après Gabriel Stuart, 1797, in-folio.

    Très belle épreuve, marges.

11. George Washington. Portrait en buste dans un médaillon, gravé
    par Roger, d'après Mᵐᵉ de Bréhan, 2 épr. dont une avant
    toutes lettres. — Le même personnage, en pied, gravé par Le
    Roy, d'après Truinbull. — Mᵉ Général Washington bestowing
    thirteen stripes on Britania. — Ch. H. comte d'Estaing. —
    Franklin. Ensemble 7 pièces in-8.

12. Le Général Washington. Portrait en pied, gravé par Le Mire d'a-
    près Le Paon. In-folio.

    Belle épreuve avec marges.

13. Le marquis de Lafayette. Portrait en pied gravé par Le Mire,
    d'après Le Paon. In-folio.

    Belle épreuve avec marges.

14. Benjamin Franklin. Portrait en buste gravé par Chevillet, d'après
    Duplessis, 1778. Petit in-folio.

    Belle épreuve à grandes marges.

15. Le même personnage, gravé par Le Beau, d'après Desrayes. In-8.

    Belle épreuve avec marges.

AMÉRIQUE

16. Le même personnage, médaillon ovale gravé par Alix, d'après Vanloo. In-4.

   Belle épreuve en couleurs; sans marges.

17. Le même personnage. Trois lithographies par Maurin, Mauraisse, etc. In-folio.

18. J. Hancock, président du Congrès anglo-américain. Deux portraits en buste, l'un gravé par Pélicier, 1782; l'autre publié chez Esnauts et Rapilly. In-8.

   Belles épreuves avec marges.

19. Nathaniel Greene, général américain. — Andrew Jackson. Deux portraits en buste gravés par Chevillet et Cardon. In-4.
   Belles épreuves avec marges.

20 Jefferson, Président des Etats-Unis, gravé par Dequevauvillier, d'après le baron Desnoyers. — Henriette Beecher Stowe, auteur de l'*Oncle Tom*. Lithographie. Deux portraits, petit in-folio.

   Belles épreuves avec marges.

BALLONS

21. Fête du 14 Juillet an IX ; vue du temple élevé dans le grand carré des Champs-Elysées, dans lequel le concert fut exécuté. *A Paris, chez Basset.* in-folio.

   Belle épreuve en couleurs, avec marges.

22. Volo dell'aeronauta Francesco Orlandi eseguito nei publici giardini di Bologna l'anno 1839. Lithographie in-folio.

BARTOLOZZI

23. Aloysius Pisani, d'après Pellegrini, 1793, in-folio.
   Belle épreuve avant la lettre, imprimée en bistre.

24. Mary Queen of Scots, d'après Zuccheri, 1779. Portrait en pied, in-folio.
   Belle épreuve, avec marges.

25. Water. L'eau, d'après F. Albano, 1796. Pièce de forme ronde, grand in-folio.
   Belle épreuve.

26. Cupidon acheté trop cher, d'après Jos. Tturts, 1786. In-4 de forme ovale.
   Très belle épreuve à grandes marges.

BAUDOUIN (d'après)

27. La soirée des Tuileries, gravé par Simonet. In-folio.
Très belle épreuve, marges.

BAUDOUIN et HUET (d'après)

28. Le Déjeuné. — Le Goûter. Deux pièces in-4 gravées par Bonnet
Très belles épreuves imprimées en couleurs, avec petites marges.

BAUDOUIN et REGNAULT (d'après)

29. Le Lever. — Le Bain, 2 pièces in-4 faisant pendants, gravées par
N.-F. Regnault.
Très belles épreuves imprimées en couleurs. Petites marges.

BEECHY (d'après Sir WILLIAM)

30. Major Général Sir Alured Clarke K.-B., gravé par Bromley, 1833.
Gravure à la manière noire. in-folio.
Belle épreuve.

BELJAMBE (P.)

31. Babet. Portrait de Madame Dugazon en buste, d'après P. Le Roy.
Médaille ovale in-8.
Superbe épreuve imprimée en bistre, à grandes marges.

BIGG (d'après W. R.)

32. Un jeune matelot racontant son naufrage à la porte d'une chau-
mière. — Le retour du jeune matelot après un heureux voyage.
Deux pièces petit in-folio faisant pendants, gravés par Duthé.
Belles épreuves imprimées en couleurs. Marges.

BINET (d'après)

33. La Nourrice élégante, gravé par Dugast. Petit in-folio.
Belle épreuve avec marges.

BOILLY (d'après)

34. Qu'elle est gentille, gravé par Bonnefoy. in-folio.
Très belle épreuve imprimée en couleurs, avec marges.

35. Poussez ferme, gravé par Petit. In-folio.
Belle épreuve coloriée, avec marges.

BOILLY (d'après)

36. La comparaison des petits pieds, gravé par Chaponnier. In-folio.
    Belle épreuve avec marges.

37. Les hommes se disputent. — Les femmes se battent. Deux pièces
    in-folio, gravé par Chaponnier.
    Belles épreuves avec marges

38. Le pied de bœuf, lithographié par Boilly. In-folio.
    Belle épreuve coloriée.

39. La main chaude. — Le pied de bœuf. Deux pièces in-folio fai-
    sant pendants, lithograph. par Boilly, 1830.
    Belles épreuves avec marges ; piqûres d'humidité.

BONNET (Louis-Marin)

40. The Charmes of the Morning. *L. Marin invenit* 1776, in-fol.
    Très belle épreuve imprimée en couleurs dans une bordure ovale impri-
    mée en or.

41. Buste d'une jeune femme de profil à droite (N° 231) d'après Le
    Clerc, in-folio.
    Belle épreuve imprimée en couleurs, avec marges.

42. Jeune femme en buste de trois-quart à gauche, d'après Le Clerc,
    1774, in-folio.
    Belle épreuve imprimée en couleurs dans une bordure ovale imprimée
    en or. Remargée.

43. La Coquette. — La Vestale. Deux pièces in-4 faisant pendants,
    d'après Challe.
    Très belles épreuves imprimées en couleurs, à toutes marges.

44. Nymphe de Flore, d'après Barbier. In-4, de forme ovale.
    Très belle épreuve imprimée en couleurs, à toutes marges.

45. Le Déjeuné. In-4.
    Très belle épreuve imprimée en couleurs, avec marges.

46. L'Insomnie amoureuse, d'après Lagrenée. In-folio.
    Très belle épreuve imprimée en sanguine, avec marges.

BOSCARATI (d'après Félix)

47. Asylum Morale. — Mundi Vetus... *Christophorus ab aqua Vi-
    centinus sculpsit Veronæ*, 1773. Deux pièces allégoriques,
    grand in-folio.

BOSIO (d'après)

48. Bal de l'Opéra. In-folio.
>> Belle épreuve coloriée, sans marges et collée en plein.

49. La Bouillotte. In-folio.
>> Belle épreuve coloriée, avec marges.

50. L'Escamoteur, gravé par Ruotte. In-folio.
>> Belle épreuve coloriée, avec marges.

BOSSE (Abr.)

51. Le Mariage à la ville. Trois pièces d'une suite de six estampes :
Le Contrat, la mariée reconduite chez elle, la visite à la nourrice. (Dupl. 1374-1375 et 1379). In-folio.

52. La vieillesse (Dupl. 1081). — La femme qui bat son mari (Dupl.
1384). Deux pièces in-folio.
>> Très belles épreuves.

53. La joie de la France, dédié au roi Louis le Juste XIII° du nom,
1638. In-folio.

BOUCHER (d'après François)

54. La toilette de Vénus, gravé par Janinet. 1783. In-folio.
>> Belle épreuve imprimée en couleurs, du 1er état, avant la suppression
d'un des amours. Elle est sans marges et collée en plein.

BRICEAU (Femme Allais)

55. Catherine Vassent, l'héroïne de Noyon, d'après Gourdin. Portrait
en buste. In-4.
>> Superbe épreuve imprimée en couleurs, avec marges.
>> On y a joint une pièce en bistre, publiée chez Sergent, en 1788, sous le
titre : *L'Humanité courageuse*, représentant les sauvetages opérés par
l'héroïne.

CARICATURES, SCÈNES DE MŒURS

56. La Mère à la mode. — La Mère telle que toutes devraient être.
In-folio. *A Paris, chez Chataignier et chez Martinet.*
>> Belle épreuve coloriée.

57. La Réponse incroyable. — Le Nouvel incroyable ou l'Oie à la
mode. — La nouvelle merveilleuse ou la Cigogne à la mode.
Trois pièces in-4, publiées chez Depeuille et chez Martinet. Les
deux dernières coloriées.

58. Le Marché conclu ou la Capitulation. — Le Poupard anglo-fran-
çais haranguant son état-major le 19 mars 1815. — L'Origine
de Nicolas. — La lecture d'un testament. — Le Paquebot. —
Blanc et noir ou l'œuvre Pie. — Les quatre mendiants, etc.
Neuf pièces, la plupart coloriées.

CALLOT (Jacques)

59. La grande thèse dite énigmatique ou symbolique. (Cette pièce est une allégorie à la gloire de François de Lorraine, second fils de Charles III et frère de Henri II) 1625. (M. 615). Grand in-folio, collé sur toile.

CHARDIN (d'après J.-B. Siméon)

60. La ratisseuse. *A Paris, chez de Noyer*, in-folio.

CHRÉTIEN et QUENEDEY

61. Portraits de Chrétien (deux épreuves). Henri IV. J.-J. Rousseau. Louis XVIII (deux épreuves). Six pièces in-12 au physionotrace.

   Très belles épreuves, la plupart à grandes marges.

CIPRIANI (d'après G.-B.)

62. The Dowager Queen of Edward the 4th parting... by order of Richard the III. — The Dukes of Northumberland and Suffolk praying Lady Gray to accept the crown. Deux pièces in-folio faisant pendants, gravées par Bartolozzi. 1786.

   Très belles épreuves imprimées en couleurs, la deuxième avant la lettre. Petites marges.

63. The Jealousy of Lord Darnley... gravé par Bartolozzi, 1793. In-folio.

   Belle épreuve, à grandes marges.

CONDÉ (J.)

64. William Thomas Lewis, acteur dans le rôle de Copper Captain. *De Wilde pinxit*; 1791, portrait en pied, petit in-folio.

   Très belle épreuve avant toutes lettres avec petites marges.

COSTUMES

65. **Modes et costumes de l'époque Louis XIV.** — Collection de 555 pièces éditées par N. Bonnart, A. Trouvain, J.-D. de Saint-Jean, Bérey, J. Mariette. Petit in-folio en feuilles.

   Importante réunion de figures de modes d'un grand intérêt non seulement au point de vue du costume, de l'ameublement et de la décoration, mais encore parce qu'elle contient les portraits des membres de la famille royale et autres personnages célèbres du xviie siècle. Parmi les planches les plus curieuses nous signalons les suivantes : Le Roy; la Reine; Mgr le Dauphin; Louis duc de Bourgogne; cérémonie du mariage du duc de Bourgogne; Marie Adélaïde, princesse de Savoie; Philippe-de-France, duc d'Anjou; Charles de France, duc de Berry; Monsieur, frère du roy

Madame en habit de chasse; Philippe de Bourbon, duc de Chartres; Françoise-Marie de Bourbon; Elisabeth-Charlotte de Bourbon d'Orléans; Mademoiselle de Chartres; le prince de Condé; Anne-Palatine, princesse de Condé; le duc et la duchesse d'Enghien; le duc et la duchesse de Bourbon; le prince et la princesse de Conty; Marie-Thérèse de Bourbon, princesse de Conty; le duc et la duchesse du Maine; le duc de Vendôme; le comte de Toulouse; l'Empereur; le Roy et la Reine d'Espagne; le prince de Galles; Joseph Léopold, roy des Romains et son Épouse; le prince et la princesse de Danemark; Chrestien V, roi de Danemark, et la Reine; Guillaume III roi d'Angleterre; Guillaume de Nassau, prince d'Orange; Marie-Anne Stuart, princesse d'Orange; le Roy et la Reine de Pologne; Monsieur l'Electeur de Saxe; la Reine de Portugal; la Reine de Suéde; Mademoiselle de Savoie; le duc et la duchesse de Savoie; la grande Sultane; la princesse de Bade; Mgr le duc de Lorraine et sa famille; le duc et la duchesse de Bavière; Mademoiselle d'Armagnac; la princesse de Soubise; la princesse de Guemenée; Mademoiselle de Lislebonne; la comtesse du Roure; Mademoiselle d'Auvergne; Madame de la Ferté; les duchesses de Valentinois, de Ventadour, de Nevers, de la Feuillade, du Lude, de Lesdiguières, de Villeroy, de Bournonville, de Foix, de Portsmouth, de Montfort, etc.; Mgr le duc de Berry; Jacques II Roy d'Angleterre et la Reine; le comte de Portland; Louise-Marie Stuart, princesse d'Angleterre; François de Rohan, prince de Soubise; les duchesses de Roquelaure et d'Aumont; le Maréchal de Tourville; les comtesses d'Olonne, de Tonnerre, de Mailly; la duchesse de Guiche; Madame de Ludre; les marquises de Dangeau, de Grancey, de Pomponne, d'Entragues, de Quélus, de Belfons, de Florensac, de Rochebaron, de Villequier; la duchesse d'Albret; les marquises de Gonville, de Polignac, de Richelieu, de Seigneley; Mlle de Lussan; Mlle de Chateautiers; Mme de Maintenon; Mlle de Montbrun; Mlle de Pons, Mme de Creil; Mesdemoiselles Loison; la princesse de Rohan; la duchesse de Valentinois en habit de bal; la princesse de Parme; Mme de Montespan; la duchesse d'Uzes; la duchesse de Bouillon; M. de Louvois; Vauban; Le Noble; Jean Bart; le duc de Roquelaure; la duchesse de Saint-Simon; le duc de Chaunes; le maréchal de Villeroy, le duc de Noailles; le maréchal de Boufflers; le maréchal de Catinat; Ch.-M. Le Tellier; François de Harlay, archevêque de Paris; duc de Coislin; Ant. Arnauld; le R. P. de la Chaise; dame de qualité jouant de la guitare; homme de qualité jouant de la basse de viole; femme de qualité dansant; Aminte en son cabinet; dame de qualité jouant au solitaire; dame qui va entrer au bain; dame de qualité à son lever, etc.

Toutes ces pièces sont en très bon état de conservation et avec des marges uniformes. Une collection de cette importance est de la plus grande rareté et il serait à peu près impossible d'en réunir une semblable aujourd'hui; elle offre aussi le plus grand intérêt au point de vue historique.

66. **Marie-Adélaïde, princesse de Savoie, duchesse de Bourgogne.** Portrait en pied par Bernard Picard. 1702. Petit in-folio.

Très belle épreuve avec marges.

67. **La Cérémonie du mariage de Mgr le duc de Bourgogne avec Mme la princesse Marie-Adélaïde de Savoye, 1697.** *chez N. Bonnart,* petit in-folio.

Très belle épreuve; rare.

68. **Madame. — Dame de la plus haute qualité. Deux pièces représentant Mme de Maintenon en costumes d'apparat, gravée par de Saint-Jean et Trouvain, 1693-1694. Petit in-folio.**

Belles épreuves avec marges.

COSTUMES

69. Femme de qualité déshabillée pour le bain (portrait présumé de Mme de Maintenon). In-folio en largeur.

> Très belle épreuve, petites marges.

70. Le Maréchal de Tallard. — J.-A. Colbert. marquis de Blainville. — Cavalier en brandebourg. — Homme de qualité en habit d'épée. Quatre portraits en pied publiés chez Mariette, Bonnart et de Saint-Jean.

71. Guillaume III roi d'Angleterre. — Louis Joseph, duc de Vendôme. général des Galères et commandant des armées du roi en Catalogne. Deux portraits en pied, publiés chez Trouvain. Petit in-folio.

> Belles épreuves.

72. Costumes fantaisistes des Métiers composés des différents objets qui caractérisent chacun d'eux. Habits de parfumeur, pâtissier, jardinier, serrurier, tapissier, menuisier-ébéniste, chandellier, cordonnier, tonnelier, rémouleur, quincaillier, verrier-faïencier, vigneron, miroitier-lunettier, pêcheur, peintre, musicien, orfèvre, cabaretier, astrologue, artificier, etc., etc. Trente-deux pièces petit in-folio, éditées par G. Valck.

> Belles épreuves avec marges.

73. Vie voluptueuse. — La boulangère. — L'horloger. Trois pièces in-folio par Guérard, Colart et Engelbrecht.

74. L'Europe. — L'Asie. — L'Afrique. Trois pièces in-folio. par Mariette et Rousselet.

75. Danse d'Arlequin et de Colombine. dessiné et gravé par Scotin. Grand in-folio.

76. La Colonnade (la galerie du Palais-Royal à la fin du xviii° siècle, avec de nombreuses promeneuses). pièce anonyme in-4.

> Pièce en couleurs, fort curieuse pour les costumes.

77. La Pension de jeunes demoiselles. *A Paris*. chez Martinet. In-folio.

> Belle épreuve coloriée, à toutes marges.

COSWAY (d'après R.)

78. His Royal Highness George Prince of Wales. Portrait en pied gravé par Sailliar. 1787. In-folio.

> Superbe épreuve d'un charmant portrait dans un encadrement tiré en bistre. Epreuve avec marges et en très bon état de conservation. Très rare de cette qualité.

COSWAY (d'après R.)

79. George, prince of Wales. Petit médaillon ovale, in-4.

> Superbe épreuve imprimée en couleurs, avant toutes lettres et à toutes marges. Très rare.

80. George Aug.-Frédéric, Régent du Royaume-Uni de la Grande-Bretagne et d'Irlande. — S. A. R. la princesse Caroline de Galle, son épouse. Deux portraits in-4 gravés par Ruotte.

> Belles épreuves imprimées en couleurs. Petites marges.

81. John George Count Browne. Portrait en pied gravé par Geo. Hadfield. In-folio.

> Très belle épreuve, à grandes marges, d'un portrait rare.

82. Signora Allegranti, portrait ovale, gravé par Bartolozzi, in-8.

> Très belle épreuve imprimée en bistre, avant la lettre. Marges du cuivre.

83. Henry, jeune berger en pied, debout près de ses chiens, petit in-folio.

> Belle épreuve imprimée en bistre et sanguine dans un encadrement rapporté.

COYPEL (d'après Charles)

84. Madame de *** en habit de bal, gravé par L. Surugue, 1746. In-folio.

> Belle épreuve, petites marges.

85. La Jeunesse sous les habillements de la Décrépitude, gravé par Renée Elisabeth Lépicié. 1651. In-folio.

86. Portrait de Aymen, porte-manteau du roi Louis XV, terminé au burin par Joullain (R. D. 23). Petit in-folio.

> Belle épreuve à grandes marges.

87. Les quatre Saisons, suite de quatre pièces in-4, gravées par S. F. Ravenet.

> Belles épreuves dont trois à grandes marges.

DAULLÉ (Jean)

88. Marie-Antoinette de Rosset de Fleury, vicomtesse de Narbonne-Pelet, d'après Mⁿᵉ Loir, 1755, in-folio.

> Très belle épreuve, petites marges.
>
> On y a joint une copie en contre-partie gravée par Basan, sous le titre : *La Pudeur*.

89. Jean-Baptiste Rousseau. Portrait à mi-corps, d'après J. Aved, 1738. In-folio.

> Très belle épreuve avec marges.

DAULLÉ (Jean)

90. Monsieur de Nestier, écuyer ordinaire de la grande écurie du roi.
Portrait équestre d'après Delarue, 1751. In-folio.

> Très belle épreuve avec marges.

> On y a joint une copie en contre-partie gravée par Bason.

91 L'Hymen essayant les flèches de l'Amour, d'après Nonnote. Petit
in-folio.

DEBUCOURT (par ou d'après P.-L.)

92. Le Juge ou la cruche cassée, gravé par Le Veau, d'après Debucourt (F. 2). In-folio.

> Belle épreuve.

93. Promenade du Jardin du Palais-Royal, gravé par Le Cœur 1787.
Grand in-folio.

> Superbe épreuve imprimée en couleurs d'une pièce rare, sans marges.

94. La croisée (F. 28), in-folio.

> Belle épreuve en couleurs à grandes marges.

95. Elle est prise (F. 35), ovale in-folio.

> Très belle épreuve en couleurs, à grandes marges.

96. Berceau de Paul et Virginie. — Les premiers pas de Paul et
Virginie. Deux pièces in-folio de forme ovale (F. 54 et 55).

> Belles épreuves en couleurs avec marges.

97. Jouis, tendre mère, dessiné et gravé par Debucourt (F. 58). In-
folio.

> Très belle épreuve, petites marges.

98. L'heureuse famille, gravé par Robinson d'après Debucourt
(F. 62). In-folio.

> Très belle épreuve avec marges.

99. La femme et le mari ou les époux à la mode. — La Coquette et
ses filles ou une mère à la mode. — Deux pièces in-folio faisant pendants, dessinées et gravées par Debucourt. 1803
(F. 148 et 149).

> Belles épreuves en couleurs avec marges.

100. Un gourmand (F. 150), in-folio de forme ovale.

> Superbe épreuve en couleurs, avec petites marges. Elle est très fraiche
> et rare dans cet état.

DEBUCOURT (par ou d'après P.-L.)

101. La Famille réunie ou l'agréable loisir (Isabey et sa famille), dessiné et gravé par Debucourt (F. 171). In-folio.

> Très belle épreuve avec grandes marges.

102. Alexandre Ier, 1807 (F. 200). Portrait en pied, in-folio.

> Très belle épreuve imprimée en couleurs, avec marges.

103. L'Hermitage de Montmorency, d'après H. Vernet. In-folio (F. 319).

> Très belle épreuve, avec, dans la marge du bas, les portraits de Rousseau et de Gretry. Marges.

104. Le modèle à barbe, d'après Carle Vernet (F. 386).

> Belle épreuve en couleurs, avec marges.

105. La marchande de saucisses. — La marchande d'eau-de-vie. Deux pièces in-folio d'après Carle Vernet.

> Belles épreuves avec marges. Cassure restaurée.

DE MACHY (d'après)

106. Vue des Tuileries du côté du château. — Vue des Tuileries du côté du pont tournant. Deux pièces in-4 de forme ronde, gravé par Descourtis.

> Superbes épreuves imprimées en couleurs avec marges.

107. Vue du port Saint-Paul, prise au bas du parapet du dit quai, gravé par Descourtis. Grand in-folio en largeur.

> Belle épreuve imprimée en couleurs avec marges.

108. Vue de la porte Saint Bernard prise au bas de la rive du dit quai, gravé par Descourtis. Grand in-folio en largeur.

> Belle épreuve imprimée en couleurs, avec marges.

DEMARTEAU

109. Jean-Baptiste Huet. Profil dans un médaillon de forme ronde entouré d'attributs et d'Amours, d'après J.-B. Huet. Petit in-folio.

> Belle épreuve imprimée en sanguine.

110. Rubens à l'âge de trente ans, d'après Watteau. — Buste de jeune femme coiffée d'un chapeau. Deux pièces in-4.

> Belles épreuves imprimées en noir et sanguine.

DESSINS

111. Concert champêtre. — Goûter champêtre. Deux dessins à la sanguine signés *P. A. Wille filius inv. et del.* 1767. In-folio.

112. Projets de médaille. Deux dessins à la sanguine, signés *C. N. Roettiers fil.* 1755. Deux pièces in-4.

DE TROY (d'après)

113. Jupiter en pluie d'or, commencé par J. Daullé, terminé par Levesque. In-folio.

Très belle épreuve à grandes marges.

DROUAIS (d'après)

114. Portrait de Madame du Barry, assise, en costume de chasse, gravé par Beauvarlet. In-folio.

Superbe épreuve avant la lettre, du plus joli portrait de la célèbre comtesse. Épreuve à grande marges et en parfait état de conservation.

DUNKARTON

115. The Rev. Thomas Brougthon, d'après N. Dance, 1778. Portrait gravé à la manière noire. In-folio.

Belle épreuve collée en plein.

DURER (Albert)

116. La Nativité (B. 2). In-4.

Belle épreuve.

117. Le Cheval de la Mort (B. 98). Copie dans le même sens que l'original, mais sans la date au-dessus du monogramme. In-4.

Belle épreuve collée en plein.

118. L'Apocalypse de Saint-Jean. Deux pièces : Le Martyre de Saint Jean et Les Elus et les Saints ayant des palmes à la main bénissent Dieu. — La Vierge assise donnant le sein à l'Enfant Jésus. Ensemble trois pièces in-folio gravées sur bois.

DUTAILLY (d'après)

119. On doit à sa patrie le sacrifice de ses plus chères affections. — Il est glorieux de mourir pour sa patrie. 2 pièces in-folio faisant pendants, gravées par Coqueret.

Superbes épreuves imprimées en couleurs, de la plus grande fraîcheur, avec marges.

ECOLE ANCIENNE

120. Saint-Paul; Saint-Georges; combat d'animaux; l'Air; la Vision
de Saint-François; le Frileux, etc. Douze pièces gravées par
Morin, Stradan, Simonneau, Romanet, Le Vasseur, etc.

121. Sujets Religieux, historiques, mythologiques, costumes, sujets
champêtres. Trente pièces par ou d'après Philippe Galle,
Sadler, M. de Vos, etc.

ECOLE ANGLAISE

122. A Bacchante. Buste de femme dans un médaillon ovale. *London*,
pub. 1778, by V. M. Picot. In-4.
> Belle épreuve imprimée en couleurs, à grandes marges.

ECOLE FRANÇAISE

123. Les nouveaux époux, gravé par Bartolonii. *A Paris, chez Janinet*. Pièce de forme ronde, in-4.
> Très belle épreuve imprimée en bistre et sanguine, à grandes marges.

124. Le Désir. — L'Instant du plaisir. — La Crainte. Trois pièces in-
folio, anonymes.

125. Ni l'un ni l'autre, gravé par J.-P. Simon, d'après Jenny Désora.
In-folio.
> Belle épreuve imprimée en couleurs avec marges.

126. La ramasseuse de cerises; vue d'un caveau découvert à Pompéï;
l'Histoire; jolis enfants qui jouent à la boule dans la trappe;
Bélisaire, etc. Quatorze pièces en couleurs ou en noir, gravées
par Juillet, Fessard, Jeaurat, Sunfach, Desnoyers, etc.

127. Vue de Trianon; Vénus et Adonis; Officier portant l'espanton;
Vertumne amoureux de Pomone; la Naissance; Ragotin; Les
Trois grâces; La Clochette. Dix pièces par ou d'après Ville-
neuve, Poussin, Baudouin, Gillot, Pater, Janinet, etc.

ESTAMPES EN COULEURS DU XVIIIᵉ SIÈCLE

128. Sujets gracieux du XVIIIᵉ siècle, d'après Angelica Kauffman et
autres. Quatre pièces de forme ronde.
> Très belles épreuves imprimées en couleurs.

ÉVENTAILS

129. Feuilles d'éventails: Les Jardins du Belvédère, au Vatican. —
Vue de la cascade de Tivoli, près Rome. — Sujets mythologiques, etc. Six pièces dont un dessin à l'aquarelle.

FICQUET (E.)

130. Françoise d'Aubigné, marquise de Maintenon, d'après P. Mignard. — Fénelon, d'après Vivien. Deux portraits in-8.

> Belles épreuves avec marges.

FIESINGER

131. H. G. Mirabeau. Portrait en buste d'après J. Guérin. 1793, in-folio.

> Superbe épreuve avec l'encadrement imprimé en bleu, à toutes marges.

132. Masséna, Bernadotte, Kléber. Trois portraits en buste, dans des médaillons ovales, d'après Bonnemaison et Guérin. In-folio.

> Très belles épreuves à toutes marges.

FORSTER

133. N. C. Oudinot, duc de Reggio, maréchal et pair de France, d'après Robert Le Fèvre. — Aug. F. L. Viesse de Marmont, duc de Raguse, maréchal et pair de France, d'après Mimeret. Deux portraits in-folio.

> Très belles épreuves à grandes marges.

FRAGONARD (d'après)

134. La Résistance inutile. — Il a cueilli ma rose. Deux pièces in-folio faisant pendants, gravées par G. Vidal.

> Très belles épreuves imprimées en couleurs, avant toutes lettres, et avec marges. Rares dans cet état.

135. Le Verrou, gravé par Blot. In-folio.

> Bonne épreuve avec l'adresse de Marel.

136. La Cachette découverte, gravé par R. de Launay le Jeune. Petit in-folio.

> Belle épreuve avec marges.

137. Les jets d'eau, gravé par Auvray. Petit in-folio.

138. Annette à l'âge de quinze ans. — Annette à l'âge de vingt ans. Deux pièces in-4, gravé par F. Godefroy.

> Belles épreuves, petites marges.

FRAGONARD fils (d'après)

139. La Jeune initiée, gravé par B. Roger. In-folio.

> Belle épreuve, petites marges.

FRESCHI

140. The Prince Regent. — The Duke of York. Deux portraits en buste, dans des médaillons ovales entourés d'attributs, d'après C. Rosenberg, 1814. In-folio.

> Belles épreuves avec marges.

FUSLEY (d'après **H.**)

141. Le Cauchemar (portrait de la duchesse de Devonshire étendue sur un lit), gravé par de Ville Neuve, 1784. In-4.

> Belle épreuve avant la lettre ; petites marges.

142. La même estampe.

> Belle épreuve avec la lettre et les quatre vers, à grandes marges.

GHISI (George et Diane)

143. La naissance de Memnon, fils de Titon et de l'Aurore, d'après Jules Romain. 1568. (B. 57). — L'appareil pour les noces de Psyché. Grande estampe en trois planches, d'après Jules Romain (B. 40). Deux pièces in-folio.

> Belles épreuves.

GILLRAY (James)

144. Col. Gardiner's last interview with his wife and daughter, dessiné et gravé par James Gillray, 1786. Pièce de forme ovale, in-folio en largeur.

> Superbe épreuve imprimée en couleurs, à grandes marges.

GODEFROY (J.)

145. Lieutenant-colonel Robert Place of his Majesty's 41° Régt. of Foot, d'après W. C. Ross, 1829. Portrait en buste, in-4. Deux épreuves dont une avant toutes lettres.

GUÉRIN (d'après **J.**)

146. Bernadotte. — Lecourbe. Deux portraits en buste dans des médaillons ovales, gravés par G. Fiesinger et B. Roger. In-folio.

> Très belles épreuves à grandes marges.

GUINET (d'après)

147. Paul et Virginie traversant un torrent, gravé par Petit. In-folio.

> Belle épreuve imprimée en couleurs, avant la lettre et avec marges.

HAID (J. Gottf)

148. Maria Wilhelmine Brabbé, d'après Weickert. Portrait à mi-corps, gravé à la manière noire. 1771. Grand in-4.

HAMILTON (d'après **W.**)

149. Les douze mois de l'année, gravé par Zecchin, Zaffonato, Zancon, Masetti. 1796. Suite complète de douze pièces in-4 en largeur.

> Belles épreuves imprimées en bistre avec marges.

HARDING

150. The enchanted Lady. — Fidele's Tomb. Deux pièces petit in-folio, gravées par Tomkins et Delatre.

> Belles épreuves tirées en bistre, avec marges.

HEATH (d'après **W.**)

151. His Royal Highness the Prince Regent of Great Britain. *London*, published 1814 by J. Jenkins. in-folio.

> Belle épreuve en couleurs, avec marges.

HOGARTH (d'après **W.**)

152. Shrimps ! (marchande de crevettes), gravé par Bartolozzi, 1782, in-4.

> Très belle épreuve en bistre, à grandes marges.

153. The Harlot's progress (Vie d'une fille). Trois pièces d'une suite de six estampes. in-folio en largeur.

HOIN (d'après **Claude**)

154. Madame Dugazon dans le rôle de *Nina* ou *La folle par amour*, gravé par Janinet. 1787. in-folio.

> Superbe épreuve imprimée en couleurs d'une pièce rare et recherchée Petites marges.

HOOGHE (**R. de**)

155. Cérémonies religieuses à l'occasion des funérailles de Marie Stuart, fille de Jacques II et épouse du prince d'Orange, depuis roi d'Angleterre sous le nom de Guillaume III, 1695. Suite de treize pièces gravées par R. de Hooghe. In-folio.

> Très belles épreuves, rares.

HOPPNER (d'après J.)

2.700 — 156. Mrs Benwell, gravé à la manière noire par W. Ward.

Superbe épreuve *imprimée en couleurs* d'une des pièces les plus recherchées de l'École Anglaise. Petites marges.

390 — 157. Cecilia, gravé au pointillé, par J. Baldrey. 1782. in-4.

Superbe épreuve imprimée en couleurs, d'un charmant portrait de jeune femme. Marges.

380 — 158. Countess of Oxford, gravé à la manière noire, par S. W. Reynolds. 1799. In-4.

Très belle épreuve avec marges.

HOUBRAKEN (Jac.)

159. Albertus Seba, pharmacien d'Amsterdam, dans son laboratoire. Portrait à mi-corps, d'après Quinkhard. In-folio.

Très belle épreuve avec marges.

HOUEL (J.)

160. La Congrégation de N.-D. de Bonne-Nouvelle de Frouville. — Bara ou simulacre de l'Assomption de la Vierge célébrée tous les ans le 15 août, à Messine. Deux pièces in-folio.

Belles épreuves, la deuxième imprimée en bistre.

HOUSTON (R.)

161. William Beckford with Townsend and Sawnbridge 1769. Gravure à la manière noire (S. 9). In-folio.

Belle épreuve, petites marges.

HUET (d'après J.-B.)

270 — 162. L'Amant pressant. — La déclaration. Deux pièces in-4 faisant pendants, gravé par A. Legrand.

Belles épreuves imprimées en couleurs avec marges.

390 — 163. L'Amant écouté. — L'éventail cassé. Deux pièces petit in-folio, gravé par Bonnet.

Très belles épreuves imprimées en couleurs, petites marges.

120 — 164. L'Amour offrant des présents à Ariane, gravé par Bonnet. Petit in-folio.

Très belle épreuve imprimée en couleurs, à grandes marges.

100 — 165. Offrande présentée par l'Amour à la Fidélité, gravé par Bonnet; petit in-folio.

Très belle épreuve imprimée en couleurs, à grandes marges.

HUET (d'après J.-B.)

166. Diane au bain, gravé par Bonnet. Petit in-folio.   *100*

    Très belle épreuve imprimée en couleurs, à toutes marges.

167. Offrande à l'Espérance, gravé par Jubier. In-4.

    Belle épreuve imprimée en couleurs, avec marges.

168. Les chiens de Madame de Pompadour : Mimi et Inès. Deux pièces in-folio, gravées par Fessard et Augustin de St-Aubin. 1755-1758.

    Belles épreuves à petites marges.

JANINET (François)

169. Portrait de Frédérique-Sophie-Wilhelmine de Prusse, vue de face dans un parc, accoudée à l'angle d'une balustrade. Elle tient dans la main droite une couronne de fleurs, dans la gauche un portrait d'homme. Médaillon in-8 de forme ronde.   *2.12c*

    Magnifique épreuve imprimée en couleurs, avant toutes lettres, avec marges. Elle est très fraîche et de la plus grande rareté dans cet état.

170. Madame Dugazon, robe de Nina. — Madame Favart, rôle de Roxelane. — Le Kain, dans Mahomet. — De la Rive, rôle de Philoctète. Quatre pièces in-4.

    Très belles épreuves imprimées en couleurs, à grandes marges.

171. Ninon de l'Enclos, d'après Mignard. Portrait en buste dans un ovale. In-folio.

    Superbe épreuve imprimée en couleurs avant toutes lettres et à grandes marges.

172. La même estampe.

    Très belle épreuve imprimée en couleurs, avec la lettre, à toutes marges.

173. A view of the Needle Rochs from the bach of the isle of Wight, d'après Atkins. Petit in-folio de forme ovale.

    Superbe épreuve imprimée en couleurs, avant toutes lettres, avec marges.

174. La même estampe.

    Très belle épreuve imprimée en couleurs, avec la lettre. Marges.

JAZET (J.-P.-M.)

175. La Promenade du Jardin turc, d'après J.-J. de B. Grand in-folio.   *330*

    Très belle épreuve coloriée d'une estampe rare. Marges.

176. Course de traîneaux à Krasnoï-Kabak, d'après Sauerweid. 1813. in-folio.

    Belle épreuve teintée.

JEAURAT (d'après)

177. Déménagement d'un peintre. — Enlèvement de police. Deux
pièces in-folio gravées par Cl. Duflos.
178. La Place Maubert, gravé par Aliamet. In-folio.
Belle épreuve avec marges.

KAUFMANN (d'après Angelico)

179. Queen Charlotte, beau portrait gravé à la manière noire par Thomas Burke (Smith 4), in-folio.
Superbe épreuve du premier état avant la lettre et les armes et avec les
noms des artistes et de l'éditeur à la pointe. Grandes marges. Dans cet
état, ce beau portrait est de la plus grande rareté.

180. Happines and Wisdom. Slovers and fair heaven, gravé par Bartolonii, Pièce ovale, in-4.

181. The Younger Pliny Reproved, gravé par Zaffonato 1797. — Eléo-
nore suce la blessure d'Edouard Ier, roi d'Angleterre, gravé par
Pariset, 1780. Deux pièces in-folio.

KLAUBER (J.S.)

182. Le comte de Hertzberg, ministre d'Etat prussien, d'après Schrœ-
der. In-folio.
Très belle épreuve avec marges.

KOBELL (d'après **Wilh.**)

183. L'équipage d'un officier russe, gravé par Adam Bartsch, in-folio.
Très belle épreuve en couleurs.

184. Chariot de bagages des dragons russes, gravé par Adam Bartsch,
1800, in-folio.
Très belle épreuve en couleurs.

185. Des troupes françaises en marche, gravé par Adam Bartsch 1800,
in-folio.
Très belle épreuve en couleurs.

186. Des hussards autrichiens en marche, gravé par Adam Bartsch,
in-folio.
Très belle épreuve en couleurs.

KRAUSE (d'après)

187. La balayeuse, gravé par Eluen. — La marchande de plaisir, gravé
par Voyez le jeune. Deux pièces in-folio.
Belles épreuves avec marges.

LASNE (Michel)

188. Louis XIII roi de France ; portrait équestre. Grand in-folio.
  Très belle épreuve.

189. Louis XIII costumé à l'antique, debout dans un paysage allégorique, tenant un bouclier sur lequel se trouve le portrait du cardinal Richelieu. Grand in-folio.
  Belle épreuve.

LA TOUR (d'après **M. Q.** de)

190. Marie G. L. de la Fontaine Solare de la Boissière, gravé par Petit. Grand in-4.
  Belle épreuve avec marges.

LAVREINCE (d'après **Nic.**)

191. Ah ! laisse-moi donc voir, gravé par Janinet. in-4.
  Superbe épreuve imprimée en couleurs, de la plus grande fraîcheur, avec marges. Très rare de cette qualité.

192. L'aveu difficile, gravé par F. Janinet. 1787. in folio.
  Bonne épreuve imprimée en couleurs sans marges et collée en plein.

193. La comparaison, gravé par F. Janinet. 1786. in-folio.
  Belle épreuve imprimée en couleurs avec de très petites marges, et collée en plein.

194. The comparison, gravé par Partout. 1787. Pièce ovale. in-folio.
  Belle épreuve imprimée en bistre et sanguine d'une pièce rare. Marges.

195. L'Indiscrétion, gravé par Janinet. in-folio.
  Superbe épreuve imprimée en couleurs avant la lettre et avec le nom du graveur tracé à la pointe, avec marges.

196. Nina. Portrait de Madame Dugazon dans le rôle de *Nina ou la Folle par amour*. Elle est en pied, debout près d'un banc, gravé par Colinet. in-4.
  Très belle épreuve imprimée en bistre.

197. La balançoire mystérieuse, gravé par Vidal. in-folio.
  Belle épreuve avec marges.

198. Le Billet doux. — Qu'en dit l'abbé ? Deux pièces in-fol. gravées par N. De Launay.
  Belles épreuves à toutes marges. La première est avec la lettre grise, l'autre avec la faute : *graveur du Roi...* au lieu de : *Graveur des Rois...*

199. La consolation de l'absence, gravé par N. De Launay. in-folio.
  Très belle épreuve, doublée.

LAVREINCE (d'après **Nic.**)

200. L'heureux moment, gravé par N. De Launay, in-folio.
> Belle épreuve avec petites marges.

201. Le lever des ouvrières en modes, gravé par J. B. Compagnie. In-folio.
> Belle épreuve imprimée en bistre et sanguine ; petites marges.

202. Qu'en dit l'abbé ? gravé par N. de Launay (B. 51). in-folio.
> Très belle épreuve avec la faute : *Graveur du Roi de France et de Dannemarck*, au lieu de : *des Rois*.

203. Le repentir tardif, gravé par Le Vilain. in-folio.
> Belle épreuve avec petites marges.

204. Le Roman dangereux. Gravé en 1784 par Helman, in-folio.
> Très belle épreuve avec marges.

205. La Soubrette confidente. gravé par G. Vidal, in-folio.
> Belle épreuve sans marges.

LAWRENCE (d'après **Sir Th.**)

206. Portrait of His Most Gracious Majesty William the Fourth, gravé par Lewis. 1831. In-folio.
> Belle épreuve à grandes marges.

207. Master Lambton, gravé à la manière noire, par Samuel Cousins, 1827. in-folio.
> Belle épreuve avec marges.

LE CLERC (Sébastien)

208. L'Académie des Sciences et des Beaux-Arts. — L'Apothéose d'Isis. Deux pièces in-folio.

LE CŒUR (d'après)

209. Fête du Sacre ou couronnement de Leurs Majestés Impériales. An XIII (1804):
> Vue de la Place du Parvis Notre-Dame. — Vue de la Place de la Concorde. — Vue de la décoration élevée devant la façade de l'Ecole militaire. — Vue de la place de Grève. — Vue de la décoration élevée en face de la place de Grève, de l'autre côté de la rivière. Cinq pièces in-folio, gravées par Dorgez, Marchand. Aubertin, Gauthier et Le Cœur.
> Très belles épreuves en couleurs, à grandes marges.

LITHOGRAPHIES

210. La Ménagerie parisienne, par Gust. Doré. — Observations critiques, par Granville. Trente pièces petit in-folio.

LOCHON (R.)

211. P. Séguier, marquis de Saint-Brisson, prévost de Paris, 1660. Petit in-folio.

> Très belle épreuve, petites marges.

LOMBART (Pierre)

212. Marie de Médicis. Portrait en buste dans un médaillon ovale posé sur un portique orné de figures allégoriques, d'après Beaubrun. Grand in-folio.

> Belle épreuve.

LONGUEIL (Joseph de)

213. Les dons imprudents. — Le retour à la vertu. Deux pièces in-folio faisant pendants.

> Superbes épreuves imprimées en couleurs, à grandes marges. Très rares de cette qualité.

LOUIS XVI et MARIE-ANTOINETTE

214. Avènement de Louis-Auguste XVI et de Marie-Antoinette d'Autriche au trône de France, 10 mai 1774. Pièce allégorique dessinée et gravée par Patas. Petit in-folio.

> Belle épreuve d'une pièce rare.

215. Les Garants de la félicité publique. Pièce allégorique sur Louis XVI et Marie-Antoinette, gravé par Née et Masquelier, d'après Saint-Quentin, 1774. In-folio.

> Belle épreuve avec marges.

216. Portraits de Louis XVI et de Marie-Antoinette, accompagnés de ceux du comte et de la comtesse d'Artois, du comte et de la comtesse de Provence et de celui de Louis XV. Sept portraits en buste dans des médaillons ovales soutenus par des Amours et entourés de fleurs et d'attributs. Pièce grand in-folio gravée par Briceau, d'après J.-B. Huet. Au-dessous de l'encadrement, huit vers commençant par

> Il n'est plus, chers Français, ce roi plein de clémence...

> Très belle épreuve imprimée en noir et sanguine, d'une pièce fort rare. Marges.

LOUIS XVI et MARIE-ANTOINETTE

217. Marie-Antoinette, reine de France. Portrait en buste gravé par
Voyez, d'après Vanloo. In-8.
   Belle épreuve.

218. Louis XVI, Marie-Antoinette et le dauphin. Trois profils dans un
médaillon de forme ronde. — Louis XII. Henri IV, Louis XVI.
Trois profils dans un médaillon de forme ronde. Deux pièces
in-8 faisant pendants, gravées par Aug. de Saint-Aubin,
d'après P. Sauvage.
   Très belles épreuves avec marges.

219. Famille royale de France. Médaillon de forme ronde contenant
les profils de Louis XVI. Marie-Antoinette. Madame Royale,
Marie-Thérèse-Charlotte et du Dauphin. Pièce anonyme in-8.
   Belle épreuve en couleurs, à toutes marges. Très rare.

220. Louis XVI roi de France et de Navarre, dessiné et gravé par
Hubert. In-8.
   Très belle épreuve avec marges.

221. Portraits de Louis XVI. de Marie-Antoinette et des personnages
de la famille royale. Neuf pièces gravées par Schiavonetti,
Claessens. Deviens. Ponce. etc.

222. Apparition d'Henri IV à Louis XVI ou la Vérité découverte, dessiné et gravé par Texier. Petit in-folio.
   Belle épreuve d'une pièce rare.

223. La Séparation de Louis XVI de sa famille. la nuit du 29 sep-
tembre 1792. — La deuxième séparation. ou dernier adieu du
roi d'avec sa famille désolée. la nuit du 20 janvier 1793. Deux
pièces in-folio faisant pendants. d'après Benazech.
   Epreuves coloriées.

224. La Séparation de Louis XVI de sa famille. — La dernière entre-
vue de Louis XVI avec sa famille. — Louis XVI quittant son
confesseur un instant avant sa mort. Trois pièces in-folio gravées par Cardon et Schiavanotti. d'après Benazech, 1794-1797.
   Très belles épreuves à grandes marges.

225. Louis XVI dans la prison du Temple rédigeant son testament. —
Marie-Antoinette à la Conciergerie. Deux portraits en pied
dans des médaillons de forme ovale. gravés par G. Keating,
d'après Singleton et la marquise de Bréhan. publ. à Londres
en 1796 et 1798. In-folio.
   Très belles épreuves à grandes marges.

LOUIS XVI et MARIE-ANTOINETTE

226. Marie-Antoinette dans sa prison devant le buste de Louis XVI, portant en médaillon le portrait du Dauphin. Portrait à mi-corps gravé à la manière noire par Murphy, d'après la marquise de Bréhan, 1795. In-folio.

> Superbe épreuve avant la lettre et les vers ; petites marges. Très rare dans cet état.

227. Louis XVI et Marie-Antoinette en buste dans un petit médaillon de forme ronde. Au-dessous, quatre vers commençant par :

> Lorsque pour vous nous perdîmes la vie...

in-4.

> Belle épreuve imprimée en couleurs ; grandes marges. Très rare.

228. Louis XVII en prières dans sa prison. — Marie-Thérèse-Charlotte priant devant une urne funéraire. Deux pièces de forme ovale faisant pendants, publiées à Londres chez Colnaghi.

> Très belles épreuves imprimées en couleurs ; petites marges. Très rares.

MALLET (d'après J.-B.)

229. Chit chit !... — Par ici !... Deux jolies pièces faisant pendants gravées par Copia, in-4.

> Belles épreuves coloriées sans marges. Rares.

MANIÈRE NOIRE

230. Miss Eyebright ; VIIe Miséricorde ; Rembrandt painted by himself ; Les Avares ; les Buveurs ; Spiletta, etc. Huit pièces gravées à la manière noire par Laurie, Townley, Corbut, etc.

MARCENAY DE GHUY

231. La Pucelle d'Orléans, 1769, in-8.

> Très belle épreuve avec marges.

232. Charles V dit le Sage, 1767 ; deux épreuves dont une avant toutes lettres. — Le chevalier Bayard. — Le testament d'Eudamidas, d'après Nicolas Poussin. Ensemble quatre pièces.

MARCUARD (R.)

233. Musick, d'après Pierre de Cortone, 1777. In-4., de forme ovale.

> Belle épreuve imprimée en couleurs, avec marges.

MARTINI (P.-A.)

234. Exposition au Salon du Louvre en 1787. In-folio.

> Belle épreuve d'une pièce des plus curieuses et fort intéressante pour les costumes de l'époque.

MELLAN (Claude)

235. Pierre Séguier. — Michel Lasne. — Henricus Blacnodaeus doctor medicus (2 états). Quatre portraits in-8 et in-4.

MONCORNET (Balthazar)

236. Marie-Thérèse d'Autriche, infante d'Espagne, fille de Philippe IV. Henriette d'Angleterre, duchesse d'Orléans, fille de Charles Ier. Deux portraits in-4.

MONNIER (H.)

237. Intérieur d'un café. — Boutique d'un bouquiniste. Deux lithographies coloriées.

MORIN (Jean)

238. Anne d'Autriche, reine-régente de France, d'après Philippe-de-Champagne (R. D. 40). Grand in-4.

Belle épreuve avec marges.

239. Marguerite Lemon, maîtresse d'Antoine Van Dyck, d'après Antoine Van Dyck. (R.-D. 62). Grand in-4.

Belle épreuve.

MORLAND (d'après G.)

240. The Dram. N° 6, gravé par W. Ward, 1796. Gravure à la manière noire, in-folio.

Belle épreuve, avec petites marges.

MULLER (Jean)

241. Christian IV, roi de Danemarck, d'après Pierre Isach, 1625. Portrait à mi-corps, in-folio.

Belle épreuve à grandes marges.

NAPOLÉON (Pièces sur)

242. Bonaparte, premier Consul. Profil dans un petit médaillon de de forme ronde. In-8.

Très belle épreuve imprimée en sanguine sur fond noir, à toutes marges.

243. Buonaparte. Portrait en buste, dans un médaillon ovale, gravé par Fiesinger, d'après Guérin. An VII. In-folio.

Superbe épreuve à toutes marges.

NAPOLÉON (Pièces sur)

244. Bonaparte, 1er Consul de la Rép. Franç. Portrait en buste dans un médaillon ovale, gravé par Audouin, d'après Bouillon. Au-dessous, la bataille de Marengo, gravé par Duplessis-Bertaux. In-folio.

   Belle épreuve avec marges.

245. Napoléon 1er, empereur. Portrait en buste dans un médaillon ovale.

   Belle épreuve avec marges.

246. Napoléon, empereur. Portrait en buste en costume de Sacre, dans un médaillon de forme ronde. In-folio.

   Superbe épreuve avant toutes lettres, avec marges.

247. Demande solennelle à S. M. l'Impératrice d'Autriche, dessiné par Moreau le Jeune, gravé par Gros. In-folio.

   Belle épreuve en bistre, à grandes marges.

248. Cérémonie de la remise à Braunau, gravé par Gros, d'après Alexandre de la Borde. In-folio.

   Très belle épreuve en couleurs ; grandes marges.

249. Cérémonie religieuse du mariage de Napoléon 1er, empereur des Français et Marie-Louise, archiduchesse d'Autriche, célébré à Paris, le 2 avril 1810, dans la Chapelle du Louvre, dessiné et gravé par Le Cœur. In-folio.

   Belle épreuve imprimée en couleurs. Marges.

250. Marie-Louise d'Autriche, impératrice des Français, reine d'Italie, gravé par Morel, d'après Vexberg. In-4.

   Belle épreuve imprimée en couleurs, petites marges.

251. Les vœux du peuple Français accomplis par ce présent du Ciel. 20 mars 1811 (portrait du Roi de Rome dans son berceau) d'après Callet. in-folio.

   Superbe épreuve imprimée en couleurs. Charmante pièce de la plus grande rareté.

252. Napoléon. Trois portraits en pied. — Trait explicatif pour la mort de Napoléon. — Le duc de Reichstadt (deux portraits par Isabey et Millin). — Le Général Bertrand à Ste-Hélène. Ensemble sept pièces dont une coloriée.

253. Le masque de Napoléon, gravé par Calamatta, d'après le plâtre original moulé à Sainte-Hélène.

   Très belle épreuve sur papier de Chine avec le cachet de Calamatta. Grandes marges.

NAPOLÉON (Pièces sur)

254. Caricatures sur Napoléon : Jugement dernier. — Voyage à l'ile d'Elbe. — Arrivée de Napoléon dans l'ile d'Elbe. Trois pièces.

> Belles épreuves coloriées avec marges.

255. Portrait de Napoléon, par Ant. Verico, 1810. — Napoléon à Ste-Hélène. — L'Inégalité juste. — Napoléon duc de Reichstadt (médaillon ovale). — Le duc de Reichstadt en prières (épreuve non terminée). — Napoléon sur son lit de mort. Sept pièces in-4.

NATTIER (d'après)

256. La belle source (Portrait de Mme Victoire, fille de Louis XV), gravé par Méliny. In-folio.

> Belle épreuve avec marges.

NORTHCOTE (d'après J.)

257. La mort de Solinzeb, 1787, in-folio, de forme ronde.

> Belle épreuve imprimée en bistre, avec marges.

ORNEMENTS

258. Cahiers de cartels et trophées de l'œuvre de Ranson. *A Paris, chez Esnauts et Rapilly.* Deux cahiers (9ᵉ et 18ᵉ) de chacun six pièces in-folio.

> Très belles épreuves avec marges.

259. Décorations intérieures, meubles, bronzes, serrurerie, détails d'architecture, chapelle du Château de Versailles, etc. Soixante pièces par Boulle, Lalonde, Boucher fils, Cornille, Delafosse, Mariette, etc.

260. Décoration de jardins ; parterres de broderies ; terrasses, etc. Trente-cinq pièces d'après Le Nôtre, Le Bouteux, Perelle, etc.

261. Cartouches de style rocaille ornés de sujets allégoriques. Quinze pièces in-folio, d'après Nilson, Haïd, Goz, Baumgartner.

PARIS (Pièces sur)

262. Vue générale de la Ville de Paris, publié chez Christophe Haffner. Grand in-folio.

263. Vue perspective de la Place Louis XV et du Pont de Louis XVI, commencé en mars 1787. *A Paris, chez Berthault,* in-folio.

PARIS (Pièces sur)

264. Vue du Petit Chatelet, gravé par Lecampion, d'après Sergent. — Pont Notre-Dame, gravé par Sutherland, d'après Pugin. Deux pièces.

> Belles épreuves en couleurs.

265. Le Grand Café d'Alexandre sur les boulevards de Paris. Pièce in-folio, publiée chez Daumont.

> Belle épreuve coloriée.

266. Bal de Vincennes qui se tient tout les festes et dimanches à une petite lieue de Paris. *A Paris, chez Mondhare*, in-folio.

> Très belle épreuve coloriée, à grandes marges.

267. Promenade de Longchamp. An X. *A Paris, chez Martinet*, Grand in-folio.

> Superbe épreuve de l'une des pièces les plus curieuses comme costumes de cette époque. Très rare. Epreuve avec marges et collée en plein.

268. Les Galeries de bois au Palais Royal. Lithographie coloriée, in-folio.

> Pièce curieuse pour les costumes.

269. Le Jardin du Delta et les Montagnes égyptiennes près la barrière Rochechouart. *Imp. lith. de G. Engelmann*. In-folio.

> Belle épreuve coloriée d'une lithographie fort rare.

270. Vue de Paris N° 4, prise de l'entrée des Champs-Elysées ; dessiné et gravé par Garbizza. In-folio.

271. Vues prises dans le cimetière du Père Lachaise (Tombeaux de La Fontaine, Molière, Grétry, etc.). Deux pièces in-folio.

> Très belles épreuves en couleurs.
> On y a joint les deux mêmes pièces à l'état d'eau-forte.

272. Exposition industrielle française sous la Restauration dans les Galeries du Louvre. Lithographie in-folio.

> Pièce rare, tirée en bistre.

PARIZEAU

273. Henri IV chez les fermiers, dessiné et gravé par Ph.-L. Parizeau. 1780. Grand in-folio en largeur.

> Très belle épreuve imprimée en couleurs, avant la lettre et à toutes marges.

PETERS (d'après de)

274. L'Amour maternel, gravé par C. Corbutt. In-folio.

PETHER (William)

275. Rembrandt's Wife in the Character of a Jew Bride, d'après
Rembrandt, 1763. Gravure à la manière noire, in-folio.
  Belle épreuve.

PICHLER (J.-P.)

276. Gidéon-Ernest Loudon, maréchal, d'après H. Füger, 1788. Gravure à la manière noire ; in-folio.
  Très belle épreuve à toutes marges.

PIÈCES HISTORIQUES

277. Les Convulsionnaires de Saint-Médard et les miracles opérés au
tombeau du diacre Paris. Vingt-cinq pièces. — Costumes des
ordres de chevalerie, gravé par Poilly. Treize pièces. Ensemble
trente-huit pièces in-4.

278. Allégorie sur le mariage de Mgr le dauphin avec la princesse
Marie-Josèphe de Saxe, célébré à Paris, le 13 février 1747,
gravé par J.-J. Flipart, d'après M.-A. Slodtz. In-folio.
  Très belle épreuve à grandes marges.

279. Siège de Newport. — Médailles des réductions de Newport et
Berg-op-Zoom. — Portrait du maréchal Woldemar de Lowendal (deux états différents). Ensemble cinq pièces.

280. Léonard de Vinci mourant dans les bras de François Ier ; Serment du Jeu de Paume ; Combat de la frégate la Belle Poule
contre l'Aréthuse, 1778 ; La Bayonnaise prenant à l'abordage
l'Ambuscade, an VII ; Siège de Paris, 30 mars 1814 ; les Aveu-
gles devant le Pape, etc. Seize pièces, gravées par Smith,
Couché, Le Gouaz, etc.

281. Levée du siège de Rhodes. — Frédéric II, roi de Prusse. —
Utrecht. — Couronnement de Voltaire. — Le triomphe de
Voltaire — Bataille de Fleurus. — Serment du Jeu de Paume.
— Certificat de franc-maçon, etc. 12 pièces en noir ou en
couleurs, par Moret, Chodowiecki, Chastillon, Gaucher, Du-
plessis, Massard, etc.

PORTRAITS

282. Henri IV, roi de France. Six portraits en buste, dont deux gravés
à la manière noire par Dagoty fils et Jazet. — Henri IV
exhumé (caveaux de Saint-Denis), gr. par Chataignier ; ensemble 7 pièces in-4. et in-12.

PORTRAITS

283. Henri IV, roi de France, en buste, couronné de lauriers, par L. Gaultier. — Henri IV délibère sur son futur mariage, par Audran, d'après Rubens. — Statues équestres de Henri IV sur le Pont-Neuf, gravé par Pauquet, Ensemble quatre pièces in-folio et in-4.

284. Marie de Médicis, reine régente de France, en pied, assise sur le trône, gravé par Matham.

> Superbe et très rare épreuve avant la vue de la ville d'Amsterdam, dans le fond, à gauche, et avant beaucoup de travaux. On y a joint une épreuve terminée de la même estampe.

285. Marie de Médicis, assise sur le trône, tenant une épée et une corne d'abondance, gravé par Fornazeris. — La même, en buste, par Firens. — La même, fac-simile de la collection Lenoir. — Chambre à coucher de Marie de Médicis au Luxembourg. Quatre pièces in-folio ou in-4.

286. Louis de Vendôme, duc de Mercœur, pair de France. *A Paris, chez Gaspar Isac.* Portrait à mi-corps dans une bordure ornée de fruits, In-folio.

> Belle épreuve.
> On y a joint un autre portrait du même personnage publié chez Daret.

287. Louis XIV enfant recevant une branche de laurier d'une femme à genou, par Huret. — Le Cardinal Mazarin. Petit médaillon soutenu par deux mains dans les nuages, gravé par Mellan. Deux pièces.

> Belles épreuves, la seconde avec la signature de Mariette au verso.

288. Portraits de Louis XIV (deux), du grand Dauphin, du duc d'Anjou. Quatre pièces in-folio gravées par Edelinck, Simoneau, Manceau, etc.

289. Turenne. — Condé. Deux portraits en pied in-fol.

> Belles épreuves avant toutes lettres.

290. Le duc de Roquelaure, en pied. *A Paris, chez Trouvain.* — Le même portrait en buste. — Le duc de Roquelaure faisant la dédicace de la statue du roi à Montpellier, 1718. Trois pièces in-4.

291. Guillaume III, roi d'Angleterre ; George IV ; Lord Wellington ; Thomas Egerton ; Alexandre Pope ; Bartolozzi ; Lord Brougham, etc. Douze pièces gravées par Vermeulen, Lupton, Wedgwood, Le Cœur, Le Beau, Robinson, etc.

PORTRAITS

292. Charles-Philippe de France, Monsieur, comte d'Artois, frère du
roi, gravé par Audouin, d'après Saint. — Marie-Thérèse,
princesse de Savoie, comtesse d'Artois, gravé par Dupin.
Deux portraits in-folio.

> Belles épreuves avec marges.

293. Jacobus de Thou, président au Parlement, par Lochon, d'après
Dumoustier. — André Wermesson de Lyancour, par Lan-
glois, d'après Monet. — Le cardinal Fleury; médaillon entouré de figures allégoriques, par Cochin, d'après Delobel.
Trois pièces in-folio ou in-4.

> Belles épreuves.

294. Ninon de l'Enclos, gravé par Janinet, d'après Mignard. Portrait
en buste, dans un ovale in-folio.

> Très belle épreuve imprimée en couleurs à toutes marges.

295. Portraits de femme : Anne d'Autriche, Mme de Sévigné, Mme Law,
Lady Seymour, Countess of Blessington, Jane Gray, Mlle Dan-
geville, etc. Douze pièces gravées par Delegorgue, W.
Giller, etc.

296. François Ier; Richelieu; Philippe d'Orléans, régent; comte de
Vergennes ; Pierre Bayle; Sully ; Joseph Chalier; le maréchal
Ney; Cuvier; Oberkampf, etc. Trente portraits gravés par
Edelinck, Voyez, Le Beau, Tardieu, etc.

297. Jacobus Maesterlius; Frederik Adriaensz Vestphalen; Carlos de
Borbon, principe de Asturias; etc. Cinq portraits gravés par
Suyderhoef, Barye, Mechel, etc.

298. Friedrich Wilhelm; Kronprinz von Preussen; Fr. W von Seydlitz ;
le comte de Veltheim ; Alex. de Humboldt; prince Albert de
Saxe-Cobourg Gotha. Sept portraits gravés par Lignon, Berger, Forster, Skelton, etc.

299. Portraits d'artistes peintres: Nicolas Poussin, Louis Tocqué,
François Boucher, J. Restout. Cinq portraits en buste, gravés par Cathelin, L. Bosse et Levasseur.

300. Portraits de Louis XVIII, Louis Philippe, Marie-Amélie, duc de
Bordeaux, comte de Chambord, comte de Paris, etc. Six portraits gravés ou lithographiés.

301 François II grand duc de Toscane, J.-B. de Valbelle, Andrea del
Sarto, Luckner, Damiens, etc. Soixante portraits en noir ou
en couleurs.

PORTRAITS

302. Crillon. Fr. de l'Hospital. Montesquieu. Claude Le Prestre. Servandoni. Coulon. baron Alibert. Suard. Dr Hénoque. etc. Seize portraits in-folio gravés ou lithographiés par Balechou, Daret. Miger, Bourgeois de la Richardière. Pradier, Léon Noël. etc.

303. Bossuet. Fénelon. de Mesmes. Le Fèvre de Caumartin. Auzanet, Maurice de Saxe. César de Bourbon duc de Vendôme. marquis de Béringhen. Huit portraits in-folio. gravés par Edelinck, Audran, Nanteuil. Van Schuppen. Thomassin. Grignon, Moitte.

304. J.-B. Colbert. Crébillon. Pierre Ier de Russie. Voltaire. Poullain de Saint-Foix. Charles l'aéronaute. le général Houchard. etc. Dix-huit portraits par de Larmessin. Walker. Roy. Ficquet. Le Mire. Miger, etc.

305. Luther, Calvin. Th. Morus. Swedenborg. Lutma. Erasme, Breugel. Mallery. Malebranche, Bayle. Douze portraits par et d'après Holbein. Rembrandt. Van Dyck. Edelinck. Chereau. etc.

QUENEDEY

306. Fénelon, Portrait à mi-corps dans un médaillon ovale, d'après Vivien.

Très belle épreuve imprimée en couleurs avec marges.

RAMBERG (H.)

307. A Frascati, 1797. Pièce grand in-folio en largeur, avec l'adresse d'Artaria, à Mannheim.

Très belle épreuve coloriée, à grandes marges.

308. Les environs de Rome. -- Les environs de Naples, 1799. Deux pièces grand in-folio en largeur, faisant pendants.

Très belles épreuves en couleurs. sans marges.

309. Le Rossignol, 1799. Grand in-folio en largeur.

Superbe épreuve en couleurs, sans marges.

310. Joconde. Petit in-folio de forme ovale. en largeur.

Très belle épreuve coloriée, avec marges.

311. Le paysan qui cherche son veau. Petit in-folio de forme ovale.

Très belle épreuve coloriée avec marges.

RAMBERG (G.)

312. Le poirier enchanté. Petit in-folio de forme ovale.
Très belle épreuve coloriée, avec marges.

313. Marché d'esclaves. Eau-forte in-folio.
Belle épreuve ; petites marges.

REGNAULT (N.-F.)

314. Matin. — Soir. Deux pièces in-folio dessinées et gravées par Regnault.
Très belles épreuves en couleurs avec marges.

REMBRANDT

315. La Samaritaine (B. 70). In-4.
Belle épreuve.

RÉVOLUTION (Pièces sur la)

316. Louis XVI se rend à l'Hôtel de Ville, 17 juillet 1789, in-folio.
Belle épreuve en bistre sans marges.

317. Vue perspective du Champ de Mars au jour de la cérémonie du Serment civique prêté par la Nation Française assemblée le 14 juillet 1790, gravé par J.-B. Chapuis. Petit in-folio.
Très belle épreuve imprimée en couleurs ; petites marges.

318. Travaux faits au Champ de Mars pour la fête de la Fédération en 1790. In-folio.
Belle épreuve au trait, sans marges et collée en plein.

319. Fête du 14 juillet, an IX ; vue des trois théâtres construits au Champs-Elysées dans le carré Marigny, sur lequel on a célébré aussi la fête du 1ᵉʳ vendémiaire, an X. *A Paris, chez Basset*, in-folio.
Belle épreuve en couleurs, avec marges.

320. Prise d'armes aux Invalides. — Démolition de la Bastille. Deux pièces petit in-folio en largeur.
Belles épreuves imprimées en couleurs.

321. Ouverture des Etats-Généraux. — Serment du Jeu de Paume. — Abandon de tous les privilèges. — Fédération générale des Français. — Journée du 10 août 1792. Cinq pièces in-folio gravée par Helman, d'après C. Monet.

RÉVOLUTION (Pièces de la)

322. Tableaux de la Révolution. Trois pièces gravées par Duplessis-Bertault, d'après Prieur. Petit in-folio.

Très belles épreuves avant toutes lettres. On y a joint deux épreuves avec la lettre.

323. Déclaration des Droits de l'homme et du citoyen', gravé par Machy. In-folio.

324. Le Niveau national. — Patience Monseigneur, votre tour viendra. — Delaunay, Flexelles, Berthier, Foulon voulant entrer aux Champs-Élysées. Trois caricatures coloriées.

325. Necker. Portrait en buste, gravé en couleurs à l'imitation de la calligraphie. — Le Compte rendu. Allégorie avec le buste de Necker. — Marat, petit médaillon en couleur, trois pièces in-4. et in-12.

326. Honoré-Gabriel Riquetti, ci-devant comte de Mirabeau. Portrait en buste dans un médaillon ovale, avec au-dessous, un bas-relief représentant l'Assemblée nationale. Gravé par Bonvalet. In-folio.

Belle épreuve avec marges.

327. Joseph Barra. Portrait en buste dans un médaillon ovale, publié à Paris, chez Chéreau. In-4.

Belle épreuve imprimée en bistre et sanguine, avec marges.

328. Joseph Chalier, Agricola Viala, Brutus. Trois portraits en buste dans des médaillons ovales, d'après Desrais. In-4.

Belles épreuves imprimées en couleurs, à grandes marges.

REYNOLDS (d'après Sir J.)

329. Portrait de François Bartolozzi, graveur, par Robert Marcuard, 1788. Médaillon ovale, in-folio.

Très belle épreuve imprimée en bistre, avec marges.

330. Mary Dutchess of Ancaster, 1756, gravé à la manière noire par R. Houston. In-folio.

Belle épreuve avec marges.

331. Miss Bingham, gravé par Aug. Le Grand Furey. in-4.

Belle épreuve imprimée en couleurs. Petites marges.

332. Robinetta (portrait of the Hon Mrs. Tollemache when Miss Lewis). Portrait d'une petite fille assise dans la campagne et ayant un oiseau sur l'épaule droite, gravé au pointillé par J. Jones, 1787. In-folio.

Très belle épreuve, imprimée en bistre, d'une estampe rare. Marges.

REYNOLDS (d'après **Sir J.**)

333. Countess Spencer, gravé par Aug. Le Grand Furcy. in-4.
   Belle épreuve imprimée en couleurs. Petites marges.

334. Contemplation (Portrait de Mrs. Stanhope à mi-corps, assise, en
   robe blanche) gravé par Car. Watson. In-4.
   Belle épreuve d'un charmant portrait, petites marges.

RICHTER (Henry)

335. I have lost my way, d'après Lady Bedingfeld. 1798. In-folio.
   Belle épreuve en couleurs, avec marges.

RIGAUD (d'après **Hyacinthe**)

336. Portrait de François Castanier, gravé par L. Gaillard. In-folio.
   Très belle épreuve à toutes marges.

ROPS (Félicien)

337. La Médaille de Waterloo. Lithographie grand in-folio.
   Belle épreuve sur papier de Chine.

RUOTTE

338. Mariage Samnite ou la soirée des noces. — Le lendemain des
   noces. Deux pièces in-folio faisant pendants, d'après Mon-
   siau et Boizot.
   Belles épreuves coloriées, avec marges.

RUSSIE

339. Alexandre 1er, empereur de Russie. Deux portraits en buste,
   gravés par Audouin et Renard.
   Belles épreuves avec marges.

SAINT-AUBIN (Aug. de)

340. Fortunée-Marie d'Est, princesse de Conti. Portrait en buste dans
   un médaillon d'après Cochin. Sur la même feuille : Vue inté-
   rieure de l'église de Saint-Chaumont, 1781, médaillon gravé
   par Varin, in-4.
   Très belle épreuve avec marges. Rare.

SAINT-AUBIN (d'après **Augustin**)

341. L'heureux ménage. — L'heureuse mère. — La sollicitude maternelle. — La tendresse maternelle. Quatre pièces in-4. faisant
pendants, gravé par Sergent; Gauthier, l'aîné; Phelipaux et
Moret.

> Très belles épreuves imprimées en couleurs petites marges.

SCHALL (d'après)

342. Le méridien, gravé par Lambert fils. In-folio.

> Belle épreuve imprimée en couleurs, avec marges.

343. Les plaisirs de l'hymen. In-folio.

> Très belle épreuve avant la lettre, avec marges.

SCHÉNAU (d'après)

344. Madame la Marquise de Pompadour. Portrait en buste dans un
médaillon orné de fleurs, gravé par Littret. 1764. in-4.

> Très belle épreuve, à grandes marges.

345. Le maître de guitare. — Le retour désiré. Deux pièces in-folio
faisant pendants, gravées par Duflos.

> Très belles épreuves avant toutes lettres, avec marges.

SERGENT (A. F.)

346. Monsieur, frère du Roi (portrait du comte de Provence, plus tard,
Louis XVIII) d'après Duplessis. 1789. in-4.

> Superbe épreuve imprimée en couleurs, avec marges.

SERGENT (d'après)

347. Woldemar de Lowendal, gravé par Roger, 1787. Portrait en
buste, dans un médaillon rond. In-4.

> Superbe épreuve imprimée en couleurs.
> On y a joint: Prise de Berg-op-Zoom, gravé en couleur par J. Morret,
> d'après Le Barbier.

SINTZENICH (Henri)

348. Baron de Cetto, diplomate bavarois. 1760-1830. A mi-corps,
tenant une lettre; au fond, une église avec coupole, grand
in-folio.

> Superbe épreuve imprimée en couleurs, avant toutes lettres, avec
> marges. Fort rare.

SMITH (d'après J. R.)

349. What you will. Ce qui vous plaira. gravé par Levilly. Petit in-folio.

> Belle épreuve.

SMITH (William)

350. Rosamond. Buste de jeune femme dans un ovale, d'après Bary, 1776. Gravure à la manière noire, in-4.

> Belle épreuve avant la lettre, avec marges.

SUARDI (d'après)

351. Comment la trouvez-vous ? Gravé par Copia. Pièce ovale in-folio.

> Belle épreuve en couleurs avant la lettre, avec marges.

SWEBACH-DESFONTAINES (d'après)

352. Caffée des patriotes. gravé par J.-B. Moret, 1792. In-folio.

> Superbe épreuve imprimée en couleurs du 1er état : les deux grenadiers à gauche ont des bonnets à poils. Petites marges.

THÉATRE (pièces sur le)

353. Monsieur Alexandre in all his Characters in the popular Entertainment entitled Adventures of a ventriloquist or the Rogueries of Nicholas performed at the Adelphi Theatre Strand. *Published by John Lowndes* ; grand in-folio.

> Très belle épreuve en couleurs avec une dédicace signée par Alexandre et datée Londres 1822.

354. M. Alexandre dans les Rogueries of Nicolas. Cette pièce anglaise en trois actes a été représentée par un seul acteur (M. Alexandre), le 14 juillet 1826, aux Menus Plaisirs du roi et au théâtre de S. A. R. Madame. Petit in-folio en largeur.

> Belle épreuve coloriée.

355. M. Alexandre dans les ruses de Nicolas. Cette pièce anglaise a été représentée en français par lui seul au théâtre du Gymnase. Petit in-folio.

> Belle épreuve en couleurs.

356. Portraits d'Angélique Drouin. femme Préville, de la Comédie-Française et pensionnaire du roi en 1757. Deux pièces gravées par Devaux et J.-B. Michel. — Portrait de comédien, gravé par N. de Larmessin, d'après Dominique Féti. — Portraits de Delarive et de Mlle Duchesnois. Ensemble 6 pièces in-folio et in-4.

THÉATRE (pièces sur le)

357. Le Chaudronnier. — La belle au bois dormant. — Les deux soli-
taires. Trois pièces in-4 gravées par Frussotte.

TOPOGRAPHIE

358. Vues du Château de Bellevue, deux pièces. — Plan du pavillon
de Mme la marquise de Pompadour, à Fontainebleau. — Vue
générale de Fontainebleau. — Façade du château de Clagny.
5 pièces gravées par Dequevauvillier, Lerouge, Mariette, Rigaud et Mansart.

359. Vue du port de Marseille; vue de la ville de Gotting; vue de
Battersea, sur le bord de la Tamise ; montagne de Gibraltar ;
souvenir du terrain classique de la Suisse, etc. Neuf pièces en
couleurs.

TOUVENIN

360. La marchande de pommes, d'après Lambert. In-4.
> Belle épreuve imprimée en couleurs, à grandes marges.

TURNER (Charles)

361. Louis XVIII, roi de France et de Navarre, d'après Huet Villiers;
gravure à la manière noire. Petit in-folio.
> Très belle épreuve,

VAN DYCK (d'après Antoine)

362. Nicolas Rockox, gravé par Paul Pontius, 1639. Deux épreuves
d'états différents.

VANLOO (d'après Carle)

363. Madame de Pompadour en *Belle Jardinière*, gravé par Jean-
Louis Anselin. In-4.
> Magnifique épreuve, du 2e des 4 états, avant la lettre et avec les noms
des artistes tracés à la pointe. Petites marges.

364. La même estampe.
> Superbe épreuve avant la lettre et avec les noms des artistes au burin.
Grandes marges.

VERNET (d'après Carle)

365. Oh ! C'est bien ça, gravé par Levachez, in-folio.
> Très belle épreuve en couleurs, marges.

VIGNETTES

366. Vignette pour les Œuvres de Virgile. Télémaque, etc. Vingt
     pièces. d'après Moreau. Le Barbier, Monsiau, Cochin, etc.

367. Vignettes du commencement du xix⁰ siècle : Les amants villa-
     geois. — Le Conteur. — La Nymphe surprise. — Vénus à la
     coquille. etc. Dix pièces coloriées.

VINCENT (d'après)

368. Ah ! S'il y voyait ! Gravé par Commarieux. In-folio.
     Epreuve coloriée.

VISSCHER (J. de)

369. Abraham van der Hulst. vice-amiral de Hollande. In-folio.
     Superbe épreuve avec marges.

VOGEL (Bernard)

370. Johannes Christophorus ab Imhoff. Deux portraits différents du
     même personnage. gravés à la manière noire d'après Hirsch-
     mann. 1737. In-folio.
     Belles épreuves avec marges.

WARD (W.)

371. Lady Jane Grey, the Nigth before her Exécution. d'après Fulton,
     1793. Gravure à la manière noire, in-folio.
     Belle épreuve.

WATSON (d'après Georges)

372. A Young Lady at her toilette. gravé à la manière noire par
     J. Young. 1808. in-folio.
     Superbe épreuve d'une pièce rare non citée par J.-C. Smith. Marges.

WATSON (Caroline)

373. Benjamin West. historical painter to this Majesty, d'après Ga-
     briel Stuart, 1786. Portrait à mi-corps. in-4.
     Très belle épreuve avec marges.

WEST (Benj.)

374. M. West and family. gravé par G. S. et J. G. Facius, 1779.
     John Boydell, excudit, grand in-folio.
     Belle épreuve restaurée.

WILLE (J.-G.)

375. Jean de Boullongne, contrôleur général des finances, d'après H. Rigaud, 1758, in-folio.

    Très belle épreuve.

376. La Tante de Gérard Dow, d'après Gérard Dow, 1780 — Philosophe du temps passé, d'après Wille fils. Deux pièces in-4.

    Belles épreuves, la première avant la lettre.

WILLE fils (d'après P.-A.)

377. Concert champêtre. — Goûté champêtre. Deux pièces in-folio faisant pendants, gravées par Halm.

    Belles épreuves avec marges.

WILLIAMS (R.)

378. Jacques II, roi d'Angleterre, d'après Wissing. Portrait en buste dans un médaillon ovale, gravé à la manière noire.

WINDTER (J.-W.)

379. Joannes Carolus Welser. Portrait à mi-corps d'après Hirschmann, 1744. In-folio.

    Belle épreuve avec marges.

IMPRIMERIE

FRAZIER-SOYE

153-157, rue Montmartre

PARIS